Pe. JÚLIO BRUSTOLONI, C.Ss.R.

Novena de São Francisco

Editora
SANTUÁRIO

DIREÇÃO EDITORIAL:	REVISÃO:
Pe. Fábio Evaristo Resende Silva, C.Ss.R.	Luana Galvão
COORDENAÇÃO EDITORIAL:	DIAGRAMAÇÃO E CAPA:
Ana Lúcia de Castro Leite	Bruno Olivoto

ISBN 85-7200-572-2

A marca FSC® é a garantia de que a madeira utilizada na fabricação do papel deste livro provém de florestas que foram gerenciadas de maneira ambientalmente correta, socialmente justa e economicamente viável.

Este livro foi composto com as famílias tipográficas Bellevue e Calibri Swash e impresso em papel Offset 75g/m² pela **Gráfica Santuário.**

1ª impressão, 1998

11ª impressão

Todos os direitos reservados à **EDITORA SANTUÁRIO** – 2018

 Rua Pe. Claro Monteiro, 342 – 12570-000 – Aparecida-SP
Tel.: 12 3104-2000 – Televendas: 0800 - 16 00 04
www.editorasantuario.com.br
vendas@editorasantuario.com.br

São Francisco de Assis

Filho de rico comerciante de Assis, Itália, Francisco era um jovem com as virtudes e os defeitos de seu tempo. Mas aos 24 anos foi tocado pela graça de Deus e, despojando-se do nome, das ricas vestes, do apego à família e às amizades, revestiu-se do ideal evangélico da pobreza. Alistou-se no exército do comandante Gualtieri de Brienne, que lutava para defender o papa. Insatisfeito, resolveu seguir e defender outro "comandante", Jesus Cristo.

Em Assis, na pequena igreja de São Damião, teve uma visão na qual escutou a voz que o chamava para ser profeta da renovação da Igreja: "Francisco, reconstrói minha igreja". Com cal e pedras, ele reconstruiu aquela pequena e arruinada igreja. Com palavras e exemplo, Francisco saiu para reconstruir a igreja maior, a Igreja de Cristo, que estava contaminada pela riqueza e pelo poder em grande parte de sua jerarquia. Tornou-se profeta diante do papa, bispos, sacerdotes, religiosos, nobres e plebeus. Revestiu-se da pobreza para questionar sua riqueza, da humildade para rebater seu orgulho e da mansidão para pregar a paz.

Depois de purificar a Igreja, quis purificar também o mundo para que a natureza fosse respeitada pelo homem. Com o *Cântico das Criaturas* decantou suas belezas, que devem servir ao homem e ajudá-lo a servir a Deus. Louvou a Deus nestes belíssimos e conhecidos versos:

"Louvado sejas, meu Senhor,
por nossa irmã, a mãe Terra,
que nos sustenta e governa,
e produz frutos diversos,
e coloridas flores e ervas".

Orações para todos os dias da novena

Oração inicial

Por Jesus Cristo nosso salvador e iluminado pelo Espírito da Luz, elevo a vós, Deus Pai, o meu louvor. Ao Deus cheio de amor e de misericórdia, que se compraz com seu Filho e o Espírito Santo e todas as criaturas, toda honra, glória e louvor.

† Em nome do Pai e do Filho e do Espírito Santo. Amém!

Glorioso São Francisco,/ alcançai-me de Deus as graças que hoje me são necessárias/ para viver dignamente a vida cristã./ Aumentai em mim a fé, a esperança e a caridade./ Fazei que, a vosso exemplo, eu possa amar meus irmãos,/ sobretudo os pobres e necessitados,/ para cumprir o mandamento do amor fraterno./ Ajudai-me a me desapegar das riquezas e fazer bom uso dos bens,/ para que eu possa seguir vosso exemplo no espírito de pobreza e mansidão/ e um dia chegar à vida eterna. Amém.

Oração pela paz

(São Francisco de Assis)

Senhor, fazei-me instrumento de vossa paz:
Onde houver ódio/ que eu leve o amor.
Onde houver ofensa/ que eu leve o perdão.
Onde houver discórdia/ que eu leve a união.
Onde houver dúvida/ que eu leve a fé.
Onde houver erro/ que eu leve a verdade.
Onde houver desespero/ que eu leve a esperança.
Onde houver tristeza/ que eu leve a alegria.
Onde houver trevas/ que eu leve a luz.
Ó Mestre, fazei que eu procure mais consolar/ do que ser consolado; compreender/ do que ser compreendido; amar/ do que ser amado. Pois é dando que se recebe,/ é perdoando que se é perdoado/ e é morrendo que se vive para a vida eterna. Assim seja. Amém.

† Em nome do Pai e do Filho e do Espírito Santo. Amém!

1º Dia
Amor à palavra de Deus

1. Oração inicial *(p. 5)*

2. Vida de São Francisco

Pelo exercício contínuo da oração e pela prática das virtudes, Francisco, sem haver adquirido pelo estudo o conhecimento dos Santos Livros, mas iluminado pelo Espírito, penetrava com espantosa acuidade o mais profundo sentido das Sagradas Escrituras. Seu espírito, livre de toda mancha, penetrava os mais ocultos mistérios e, aonde não podia chegar a ciência adquirida, penetrava o afeto do discípulo que amava a Palavra de Deus. E dizia: "São ainda mortos pela letra aqueles que não querem seguir o espírito das Sagradas Escrituras. São, porém, vivificados pelo espírito das Sagradas Escrituras aqueles que tratam de penetrar mais profundamente seu sentido, quem não atribui o seu saber ao próprio eu, mas pela palavra e pelo exemplo o retribuem a Deus, seu supremo Senhor, ao qual todo bem pertence".

3. Oração a São Francisco

Seráfico São Francisco,/ que compreendestes e vivestes a fé que nasce da Palavra de Deus,/ aumentai em mim essa virtude,/ para que ela seja em minha vida/ uma força e um incentivo para eu viver o Evangelho e servir aos meus irmãos. Amém.

4. Palavra de Deus *(2Tm 3,14-17)*

Carta de São Paulo a Timóteo:

[14]Tu, porém, continua firme no que aprendeste e aceitaste como certo, sabendo de quem o aprendeste [15]e que desde criança conheces as Sagradas Escrituras; elas podem dar-te a sabedoria que leva à salvação pela fé em Cristo Jesus. [16]Toda a Escritura é inspirada por Deus e é útil para ensinar, convencer, corrigir e educar para a justiça, [17]para que o homem de Deus seja perfeito, equipado para toda boa obra.

Palavra do Senhor!

5. Louvor e agradecimento

— Louvo-te, ó Deus, meu Senhor, Santo e Justo, pela vida e exemplo de teu servo Francisco.

— Glória a ti, ó Deus Pai; glória a ti, ó Deus Filho; glória a ti, ó Deus Espírito Santo, porque nos deste São Francisco, homem humano, santo e justo.

6. Súplicas a Deus

Ó Deus de bondade e de misericórdia, hoje vos peço: dai-me a graça de seguir o exemplo de São Francisco no amor e respeito à Palavra de Deus, para que eu possa chegar ao conhecimento da vossa vontade. Por Cristo Nosso Senhor. Amém!

(Conclui-se rezando a oração do Pai-nosso)

7. Oração pela paz *(p. 6)*

2º Dia
Vocação de Francisco

1. Oração inicial *(p. 5)*

2. Vida de São Francisco

Vivia na cidade de Assis um homem chamado Francisco. Desde os primeiros anos, foi criado pelos pais no luxo desmedido e na vaidade do mundo. Imitou-lhes por muito tempo o triste procedimento e tornou-se ainda mais frívolo e vaidoso. Como tivesse recebido pouca ou nenhuma instrução no caminho do Senhor desde a adolescência, passou algum tempo na ignorância natural e no ardor das paixões, mas foi justificado de seu pecado por uma intervenção da mão de Deus e, pela graça e virtude do Altíssimo, foi cumulado com a sabedoria de Deus, mais do que todos os homens que viveram no seu tempo. Em meio ao aviltamento, não parcial mas geral, em que jazia a pregação do Evangelho por causa dos costumes daqueles que o pregavam, ele foi enviado por

Deus como os apóstolos para dar testemunho da verdade em todo o mundo.

3. Oração a São Francisco

Ó São Francisco de Assis, que, para ser fiel ao chamado de Cristo,/ deixastes a casa paterna/ e abandonastes as riquezas da família,/ para pregar no testemunho da pobreza a presença do Reino de Deus,/ fazei que, também eu, saiba colocar o amor a Cristo acima de todos os bens. Amém.

4. Palavra de Deus *(Mt 4,18-22)*

Evangelho de Jesus Cristo segundo Mateus:

[18]Andando junto ao mar da Galileia*, Jesus viu dois irmãos: Simão, chamado Pedro, e André, seu irmão. Estavam lançando a rede ao mar, pois eram pescadores. [19]Jesus disse-lhes: "Segui-me e vos farei pescadores de homens!" [20]Eles deixaram logo suas redes e o seguiram. [21]Mais adiante viu outros dois irmãos: Tiago, filho de Zebedeu, e João, seu irmão. Estavam na barca com seu pai Zebedeu, consertando as redes. Jesus os chamou. [22]Eles logo deixaram a barca e o pai e o seguiram.

Palavra da Salvação!

5. Louvor e agradecimento

– Altíssimo e onipotente Senhor, só a ti o louvor, a glória, a honra e toda a bênção! Louvado sejas, meu Senhor.

– Só a ti, ó Deus altíssimo, devem-se os louvores, e não há ser humano que seja digno de se esquecer de teu nome! Louvado sejas, meu Senhor.

6. Súplicas a Deus

Alcançai-me, Senhor, a graça de ser fiel a minha vocação cristã, para que possa me dedicar ao anúncio do Evangelho, testemunhando em meu caminho a misericórdia e a vida plena que vem de vós. Por Cristo Nosso Senhor. Amém!

(Conclui-se rezando a oração do Pai-nosso)

7. Oração pela paz *(p. 6)*

3º Dia
As bem-aventuranças

1. Oração inicial *(p. 5)*

2. Vida de São Francisco

Entre os dons e carismas que Deus concedeu a Francisco houve um privilégio singular: o de crescer nas riquezas da simplicidade por meio do amor pela altíssima pobreza. E dizia: "São pobres de espírito os que odeiam a si mesmo e amam aos que lhe batem na face. São verdadeiramente pacíficos os que, no meio de tudo quanto padecem neste mundo, se conservam em paz, interior e exteriormente, por amor de Nosso Senhor Jesus Cristo. Têm o coração puro os que, desprezando as coisas terrenas, procuram as celestiais e de coração e espírito puros não cessam de adorar a Deus. Bem-aventurado o servo que não se envaidece com o bem que o Senhor diz e opera, por meio dele, mais do que com o que o Senhor diz e opera por meio de outrem. Bem-aventurado o servo que, sendo exaltado pelos homens, não se considera melhor do que quando é desprezado. Porque o homem vale o que é diante de Deus".

3. Oração a São Francisco

Glorioso São Francisco, que amastes a Igreja/ e tudo fizestes para reconstruí-la com vosso exemplo de amor à pobreza evangélica,/ aumentai em mim a fidelidade à mesma Igreja/ para que eu possa dar testemunho de Cristo em minha vida pessoal, familiar e comunitária. Amém.

4. Palavra de Deus *(Lc 6,20-23)*

Evangelho de Jesus Cristo segundo Lucas:

[20]Levantando os olhos para seus discípulos, Jesus dizia:

"Felizes vós, os pobres, porque é vosso o Reino de Deus.

[21]Felizes vós que agora passais fome, porque sereis saciados.

Felizes vós que agora chorais, porque havereis de rir.

[22]Felizes vós quando os homens vos odiarem, repelirem, cobrirem de injúrias e rejeitarem vosso nome como infame por causa do Filho do homem.

[23]Alegrai-vos naquele dia e exultai, porque grande será vossa recompensa no céu. Pois era assim que os pais deles tratavam os profetas.

Palavra da Salvação!

5. Louvor e agradecimento

– Louvado sejas, meu Senhor, entre todas as criaturas, com o irmão sol que por ele nos vem o dia e com sua luz nos alumia. Louvado sejas, meu Senhor!

– O sol é tão belo e tão radioso e, com seu esplendor, traz de ti, Altíssimo Senhor, um sinal de tua presença. Louvado sejas, meu Senhor!

6. Súplicas a Deus

Senhor, consciente de meus compromissos com a Igreja de Cristo, peço-vos a graça de ser fiel a ela, vivendo com intensidade o amor fraterno junto àqueles que colocastes em meu caminho. Por Cristo Nosso Senhor. Amém!

(Conclui-se rezando a oração do Pai-nosso)

7. Oração pela paz *(p. 6)*

4º Dia
Desapego das riquezas

1. Oração inicial *(p. 5)*

2. Vida de São Francisco

Francisco, servo do Altíssimo, preparado e confirmado pelo Espírito Santo, seguiu o ímpeto sagrado de seu espírito, pelo qual se chega aos melhores bens, desprezando os que passam. Vendeu, em Foligno, mercadorias preciosas e o próprio cavalo. De volta, admirável e repentinamente convertido para as coisas de Deus, achou que era pesado demais carregar aquele dinheiro. Considerando simples areia todo aquele pagamento, apressou-se em desfazer-se dele. Junto da igreja de São Damião quis entregá-lo a um sacerdote. Como ele não quisesse ficar com o dinheiro, Francisco o lançou pela janela, considerando-o como pó. Pois desejava possuir a sabedoria que é melhor do que o ouro e adquirir a prudência que é mais preciosa do que a prata. Por ocasião de sua peregrinação a Roma, por amor à pobreza tirou sua roupa rica e vestiu a de um pobre. Juntou-se alegremente aos pobres no átrio da igreja de São Pedro, onde se reúnem muitos pobres. Fazendo-se um deles, comia alegremente com eles.

3. Oração a São Francisco

Glorioso São Francisco,/ que desprezando as riquezas e as vaidades deste mundo,/ dedicastes vossa vida à pregação do evangelho e ao testemunho de pobreza,/ ensinai-me a ter o mesmo espírito,/ para que possa dar testemunho de desapego e ajudar meus irmãos./ Amém.

4. Palavra de Deus *(Mt 6,19-21)*

Evangelho de Jesus Cristo segundo Mateus:

[19]"Não ajunteis tesouros na terra, onde a traça e a ferrugem os destroem* e os ladrões assaltam e roubam. [20]Mas ajuntai riquezas no céu, onde nem traça e nem ferrugem as podem destruir, nem os ladrões conseguem assaltar e roubar. [21]Pois onde estiver teu tesouro, aí estará também teu coração.

Palavra da salvação!

5. Louvor e agradecimento

– Louvado sejas, meu Senhor, pela irmã lua e pelas irmãs estrelas, que no céu tu criaste resplandecentes, valiosas e lindas. Louvado sejas, meu Senhor!

– Louvado sejas, meu Senhor, pelos irmãos vento, ar, nuvens, a chuva e o tempo sereno. Louvado sejas, meu Senhor!

6. Súplicas a Deus

Ó Deus, que inspirastes São Francisco à renúncia dos bens de família para entregar-se mais livremente à pregação do evangelho e ao socorro dos pobres, peço-vos a graça de trabalhar com zelo em favor dos irmãos mais necessitados. Por Cristo Nosso Senhor. Amém!

(Conclui-se rezando a oração do Pai-nosso)

7. Oração pela paz *(p. 6)*

5º Dia
A serviço dos pobres

1. Oração inicial *(p. 5)*

2. Vida de São Francisco

Desde sua conversão, Francisco passou a ser quem mais amava os pobres e, desde o começo, mostrou o que haveria de ser perfeitamente mais tarde. Muitas vezes se despiu para vestir os pobres, procurando assemelhar-se a eles. O pobre Francisco, pai dos pobres, queria viver como um pobre; sofria ao encontrar quem fosse mais pobre do que ele, não pelo desejo de uma glória vazia, mas por compaixão. Embora estivesse muito contente com uma túnica pobre e áspera, quis dividi-la muitas vezes com algum pobre. Recebendo de pessoas piedosas mantos para o frio, logo que encontrava um pobre ia logo, todo alegre, oferecer-lhe o que tinha recebido. Tinha tanta caridade que seu coração se comovia não só com as pessoas que passavam necessidade, mas também com os animais.

3. Oração a São Francisco

Glorioso São Francisco,/ que abraçastes a pobreza absoluta/ para anunciar o evangelho de Jesus Cristo aos pobres/ e me ensinastes a colocar minhas esperanças nos bens do Reino de Deus,/ alcançai-me, peço-vos,/ a graça de seguir vosso exemplo/ e poder auxiliar os irmãos necessitados/ dedicando-me à tarefa de evangelizá-los./ Amém.

4. Palavra de Deus *(Tg 2,14-17)*

Carta de São Tiago:

[14]Meus irmãos, de que adianta alguém dizer que tem fé se não tiver as obras? Acaso esta fé poderá salvá-lo? [15]Se um irmão ou uma irmã estiverem sem roupa e sem o alimento diário, [16]e alguém de vós lhes disser: "Ide em paz, aquecei-vos e comei bastante" – sem lhes dar o necessário ao corpo –, de que adianta? [17]Assim também a fé, se não tiver obras, está totalmente morta.

Palavra do Senhor!

5. Louvor e agradecimento

– Louvado sejas, meu Senhor, pela irmã água que nos é tão útil e preciosa e nos deu no santo batismo a vida nova em Cristo. Louvado sejas, meu Senhor!

– Louvado sejas, meu Senhor, pelo irmão fogo, que nos aquece e, nas noites, alumia-nos. Louvado sejas, meu Senhor!

6. Súplicas a Deus

Ó Deus de misericórdia, fazei que a nossa Igreja possa imitar a caridade fraterna de São Francisco e cuidar de seus doentes e pobres, levando-lhes o conforto e a esperança em Cristo. Por Cristo Nosso Senhor. Amém!

(Conclui-se rezando a oração do Pai-nosso)

7. Oração pela paz *(p. 6)*

6º Dia
Simplicidade evangélica

1. Oração inicial *(p. 5)*

2. Vida de São Francisco

O procedimento de Francisco mostrou com evidência que a sabedoria do mundo era estultice e, em pouco tempo, sob a orientação de Cristo, pela sabedoria de Deus, mudou os homens pela simplicidade de sua pregação. Porque o novo evangelista dos últimos tempos, como um dos rios do paraíso, irrigou o mundo inteiro com as fontes do evangelho e pregou, na prática, o caminho do Filho de Deus e a doutrina da verdade. Nele, e por ele, o mundo conheceu uma alegria inesperada. Um espírito novo reanimou seu coração e nele derramou a unção da salvação, irradiando uma santidade nova.

3. Oração a São Francisco

Ó São Francisco,/ que fostes tão simples e puro, dialogando com todas as criaturas/ e com elas destes glória ao Altíssimo Senhor, nosso Criador,/ ajudai-me a encontrar Deus em todos os momentos de minha vida,/ sobretudo na diversidade e na beleza dos seres por vós criados./ Amém.

4. Palavra de Deus *(Mt 10,5-8)*

Evangelho de Jesus Cristo segundo Mateus:

[5]Esses doze, Jesus os enviou, depois de lhes dar as seguintes instruções: "Não tomeis o caminho que conduz aos pagãos, nem entreis nas cidades dos samaritanos; [6]ide, antes, às ovelhas perdidas da casa de Israel. [7]Andando pelo caminho, anunciai que o Reino dos Céus está perto. [8]Curai os doentes, ressuscitai os mortos, purificai os leprosos, expulsai os demônios. De graça recebestes, de graça deveis dar".

Palavra da Salvação!

5. Louvor e agradecimento

– Louvado sejas, meu Senhor, pela nossa irmã, a morte corporal, da qual homem algum pode fugir. Louvado sejas, meu Senhor, que fizeste de nossa morte um caminho para nos unir a ti.

– Louvado sejas, meu Senhor, porque nos tiraste da morte do pecado. Louvado sejas, meu Senhor, porque nos deste o poder de fugir do pecado, que gera a morte, e cumprir tua santíssima vontade.

6. Súplicas a Deus

Ó Pai de bondade, concedei-me um espírito de simplicidade e de humildade, para que possa possuir o Reino de Deus e tratar nossos irmãos com justiça e caridade. Por Cristo Nosso Senhor. Amém!

(Conclui-se rezando a oração do Pai-nosso)

7. Oração pela paz *(p. 6)*

7º Dia
Amor à paz

1. Oração inicial *(p. 5)*

2. Vida de São Francisco

Antes das pregações, antes de propor aos ouvintes a Palavra de Deus, Francisco invocava a paz dizendo: "O Senhor vos dê a paz". Anunciava-a sempre a homens e mulheres, aos que encontrava e aos que lhe iam ao encontro. Dessa forma, muitos que tinham desprezado a paz, como também a salvação, pela cooperação do Senhor abraçaram a paz de todo o coração, fazendo-se também eles filhos da paz, desejosos da salvação eterna. E dizia a seus primeiros discípulos: "Ide caríssimos, dois a dois, pelas quatro partes do mundo, anunciando aos homens a paz e a penitência para a remissão dos pecados".

3. Oração a São Francisco

Ó bondoso e pacífico São Francisco de Assis,/ peço-vos que alcanceis de Deus/ a graça de que necessito para levar o amor aonde reina o ódio,/ levar o perdão aonde reina a ofensa,/ levar a união aonde reina a discórdia/ e ser instrumento da paz de Cristo em todos os lugares e ambientes em que me faço presente./ Amém.

4. Palavra de Deus *(Tg 3,17-18)*

Carta de São Tiago:

[17]Mas a sabedoria que vem do alto é, antes de tudo, pura, depois pacífica, indulgente, conciliadora, cheia de misericórdia e de bons frutos, sem parcialidade e sem hipocrisia. [18]É na paz que o fruto da justiça* é semeado para aqueles que promovem a paz.

Palavra do Senhor!

5. Louvor e agradecimento

– Louvado sejas, meu Senhor, pela irmã nossa, a terra, que nos sustenta e gera tão diversos frutos, coloridas flores e verduras. Louvado sejas, meu Senhor!

– Louvado sejas, meu Senhor, pelos que, por teu amor, perdoam e enfermidades e aflições suportam. Bem-aventurados os que sofrem em paz, pois serão coroados por ti, Altíssimo Deus.

6. Súplicas a Deus

Ó altíssimo Deus, meu Senhor, que concedes-tes a vosso servo Francisco o dom de promover a paz na Igreja e na sociedade de seu tempo, peço-vos que, seguindo o exemplo deste meu glorioso padroeiro, eu possa promover a paz e a harmonia em minha família. Por Cristo Nosso Senhor. Amém!

(Conclui-se rezando a oração do Pai-nosso)

7. Oração pela paz *(p. 6)*

8° Dia
Reconstruir a igreja

1. Oração inicial *(p. 5)*

2. Vida de São Francisco

A primeira obra que o bem-aventurado Francisco empreendeu, depois que obteve total liberdade da parte de seu pai carnal, foi edificar a casa de Deus. Mas não a reconstruiu de novo, consertou o que era velho, reparou o que era antigo. Não desfez os alicerces, mas edificou sobre eles, reservando essa prerrogativa, mesmo sem pensar, ao Cristo: ninguém pode pôr outro fundamento senão o que foi posto, Cristo Jesus. Depois que o santo de Deus trocou o hábito e acabou de reparar a mencionada igreja, mudou-se para outro lugar próximo de Assis. Aí começou a edificar outra igreja abandonada, e quase destruída, e desde que pôs mãos à obra não parou enquanto não terminou tudo. Em Porciúncula, uma igreja dedicada a Nossa Senhora também estava em ruínas. Quando o santo de Deus a viu tão arruinada, entristeceu-se, porque tinha grande devoção para com a Mãe de Deus. Depois de reconstruir igrejas de pedra, Francisco saiu com o evangelho nas mãos e no coração para reconstruir a Igreja de Cristo.

3. Oração a São Francisco

Ó glorioso Francisco,/ que renunciando às riquezas, pregastes o Evangelho como pobre/ e assim pudestes renovar na Igreja o espírito das bem-aventuranças,/ hoje vos peço:/ ajudai-me a construir e promover na Igreja e na família o verdadeiro espírito de fé./ Amém.

4. Palavra de Deus *(Lc 10,1-6)*

Evangelho de Jesus Cristo segundo Lucas:

[1]Depois disso, o Senhor designou outros setenta e dois discípulos e mandou-os, dois a dois, a sua frente, a todas as cidades e lugares aonde ele pensava ir. [2]Dizia-lhes: "A messe é grande, mas os operários são poucos; por isso, rogai ao Senhor da messe que mande mais operários para sua messe. [3]Ide! Eu vos envio como cordeiros no meio de lobos. [4]Não leveis bolsa, nem sacola, nem sandálias; e não saudeis ninguém pelo caminho. [5]Em toda

casa em que entrardes, dizei primeiro: 'Paz a esta casa!' [6]E se lá houver quem ame a paz, vossa paz ficará com ele; do contrário, ela voltará a vós".

Palavra da Salvação!

5. Louvor e agradecimento

– Louvo e bendigo a ti, meu Senhor! Dou-te graças, colocando-me a tua disposição com humildade e mansidão.

– Louvado sejas, meu Senhor, hoje e sempre, por mim e por todas as criaturas.

6. Súplicas a Deus

Ó Deus, vós chamastes São Francisco para reconstruir vossa Igreja, que se achava enfraquecida pelo apego à riqueza e falta de zelo de seus pastores. Eu vos peço a graça de ser humilde e fervoroso na fé e no amor fraterno. Por Cristo Nosso Senhor. Amém!

(Conclui-se rezando a oração do Pai-nosso)

7. Oração pela paz *(p. 6)*

9º Dia
Trazer em si as chagas de Cristo

1. Oração inicial *(p. 5)*

2. Vida de São Francisco

Francisco já havia morrido para o mundo, mas Cristo estava vivo nele. As delícias do mundo eram uma cruz para ele, porque levava a cruz enraizada em seu coração. Por isso fulgiam exteriormente em sua carne os estigmas, cuja raiz tinha penetrado profundamente em seu coração. Suas mãos e pés pareciam atravessados bem no meio pelos cravos, aparecendo as cabeças no interior das mãos e em cima dos pés, com as pontas saindo do outro lado. O lado direito parecia atravessado por uma lança, com uma cicatriz fechada que muitas vezes soltava sangue, de maneira que sua túnica e suas calças estavam muitas vezes banhadas de sangue.

3. Oração a São Francisco

Ó Francisco de Assis, servo fiel e criativo imitador do Senhor Jesus Cristo,/ com vossas chagas vos tornastes instrumento de paz e de reconciliação na Igreja./ Peço-vos concedei-me também a graça de transformar meus sofrimentos/ em graça de salvação para mim e meus irmãos./ Amém.

4. Palavra de Deus *(Rm 6,8-11)*
Carta de São Paulo aos Romanos:

[8]Se morremos com Cristo, cremos que também viveremos com ele, [9]sabendo que Cristo, ressuscitado dentre os mortos, não morre mais e que a morte não tem mais domínio sobre ele. [10]Porque, morrendo, ele morreu para o pecado uma vez para sempre; mas, vivendo, ele vive para Deus. [11]Assim também vós, considerai-vos mortos para o pecado, mas vivos para Deus, em Cristo Jesus.

Palavra do Senhor!

5. Louvor e agradecimento
– Louvado sejas, meu Senhor, por todas as tuas criaturas, pelo alimento que nos ofereces todos os dias, pela esperança que habita em meu coração.

– Louvado sejas, meu Senhor, pela alegria e pela dor, pela luz e pelas trevas, pelo dia e pela noite. Em tudo Senhor, posso reconhecer tua presença consoladora.

6. Súplicas a Deus
Ó Deus, que marcastes o corpo de São Francisco com as chagas de vosso Filho Jesus, peço-vos concedei-me transformar meus sofrimentos e minhas cruzes em graças de redenção para toda a humanidade. Por Cristo Nosso Senhor. Amém!

(Conclui-se rezando a oração do Pai-nosso)

7. Oração pela paz *(p. 6)*